Die neuen „Grundsätze über den Vollzug von Freiheitsstrafen" in Deutschland

Von

M. Liepmann-Hamburg

Berlin und Leipzig 1924

Walter de Gruyter & Co.

vormals G. J. Göschen'sche Verlagshandlung — J. Guttentag, Verlagsbuchhandlung — Georg Reimer — Karl J. Trübner — Veit & Comp.

Sonderdruck des Referats auf der 19. Versammlung der deutschen Landesgruppe der Internationalen Kriminalistischen Vereinigung in Hamburg, Pfingsten 1924.
(Mitteilungen der deutschen Landesgruppe der I. K. V.)

Albrecht Mendelssohn Bartholdy

zum fünfzigsten Geburtstag

Das Strafgesetzbuch hat mit ein paar großen, groben Strichen die von ihm unterschiedenen vier Freiheitsstrafen charakterisiert. Aber, wie der alte Obermaier sagt, die Gesetzgeber haben diesen Gegenstand nie anders als metaphysisch behandelt. „Metaphysisch“ d. h. ohne die Wirklichkeit der Strafen zu kennen, ohne sich Gedanken zu machen über die empirischen Wirkungen, die diese Strafen hervorrufen. So boten die wenigen Bestimmungen keine Handhaben zur faktischen Einrichtung und Ausgestaltung dieser Strafarten. Die wirklichen Grundsätze der Vollstreckung der Freiheitsstrafen standen nicht im Strafgesetzbuch, sondern in den Gefängnis- und Dienstordnungen der Einzelstaaten. Diese im Verordnungsweg erlassenen Regelungen, über 60 an Zahl in Deutschland, boten ein buntes und kümmerliches Bild deutscher Zersplitterung. Die Unterschiede des Strafgesetzbuchs zwischen Zuchthaus oder Gefängnis waren von geringerer Bedeutung als die Tatsache, ob die Strafe in einer großen oder kleinen Anstalt, unter dem Ministerium der Justiz oder dem Ministerium des Innern, ob sie in Preußen oder in Württemberg zu verbüßen war. Und da diese Dienstanweisungen trotz ihrer Neigung zu spezialisierter Regelung immer noch Lücken aufwiesen, so wurde der Rest ausgefüllt von dem — mehr oder weniger — aufgeklärten Ermessen der Strafanstaltsbeamten, den oberen, mittleren oder unteren. Und nicht selten bestand zwischen dem, was der eine wollte und erstrebte und dem, was die anderen taten, in derselben Strafanstalt ein viel größerer Gegensatz als zwischen den Unterscheidungen des Strafgesetzbuchs.

Ein und dieselbe gesetzliche Strafart konnte daher in

ihrer konkreten Ausführung einen ganz und gar verschiedenen Inhalt annehmen. Und nicht bloß querulatorisch veranlagte Gefangene, sondern ruhige und unbeteiligte Sachkenner mußten erkennen, daß unser Strafvollzug im Gegensatz zu dem Strafverfahren alle Züge der vorrechtsstaatlichen Zeit aufwies. War der Beschuldigte in allen Stadien des Strafprozesses ein Rechtssubjekt mit einer genau abgegrenzten Sphäre von Befugnissen — im Strafvollzug fehlte diese rechtliche Sicherung gegen Irrtümer und Mißbräuche der Staatsorgane, der Gefangene war hier im Wesentlichen Objekt der staatlichen Verwaltung. „Objekt“ — obwohl doch seit Freudenthal kein Zweifel mehr möglich, jedenfalls nicht mehr berechtigt ist, daß der Strafvollzug vom ersten bis zum letzten Tage der Strafverbüßung ein Rechtsverhältnis zwischen dem Staat und Gefangenen sein soll. — Diesem Zustand partikularistischer und rechtlichen Schutzes entbehrender Mannigfaltigkeit konnte ein Strafvollzugsgesetz ein Ende machen. Dazu ist es bisher nicht gekommen. 1879 hat das Reich den einzigen Anlauf dazu genommen, — aber der Entwurf — übrigens ein dürftiges und im ganzen rein technisch-verwaltungsmäßig orientiertes Machwerk — ist schon im Bundesrat stecken geblieben. 1897 sind dann die Grundsätze des Bundesrats erschienen, eine Vereinbarung der Regierungen, um „einstweilen eine Gleichartigkeit des Strafvollzugs nach festen Regeln anzubahnen“. 39 Paragraphen, in denen bei nicht weniger als 14 Hauptpunkten die Normen durch „soweit tunlich“ „der Regel nach“ und „soweit möglich“ eingeschränkt wurden. Schon das zeigt, daß hier wirkliche Direktiven über die wesentlichen Punkte fehlen. Nimmt man noch hinzu, daß in vorsichtiger Verklausulierung ausdrücklich die mittelalterlichen Disziplinarmittel der körperlichen Züchtigung und Lattenstrafe, soweit sie noch galten, für Zuchthäuser konserviert werden, und auch sonst die alte trübe Weise von Abschreckung und Sühne aus diesen Paragraphen erklingt, so sieht man deutlich, daß diese Grundsätze im Wesentlichen nur Gleichartigkeit in der Verwaltung erstreben. Von irgend einem Gedanken, von irgend einem neuen Streben nach Vertiefung des Strafvollzugs ist bei ihnen nicht die Rede. Trotzdem haben sie bis 1923 gegolten und auch zu einer äußeren Vereinheitlichung des Strafvollzugs erhebliche Dienste geleistet. Im Innern hat der Strafvollzug in den einzelnen Ländern und in einzelnen Anstalten trotz der Bundesratsgrundsätze eigene Wege gesucht und in aufopfernder, selten anerkannter Arbeit Verbesserungen erstrebt, von denen hier nicht die Rede sein kann. Von besonderen organisatorischen und sachlichen Neuerungen aber verdienen wenigstens einzelne genannt zu werden. Einmal die Grundsätze für das erste deutsche Jugendgefängnis in Wittlich an d. Mosel: Das Progressivsystem und die Schöpfung eines Fürsorgers, eines Beamten, der in der Strafanstalt lebt und von hier aus die Fäden zur zweckmäßigen Verbindung der Gefangenen mit der Außenwelt knüpft und die Unterbringung in Arbeit und Stellung nach der Entlassung vorbereitet. Als zweites sind zu nennen die wertvollen „Reformen des Strafvollzugs", die in Preußen unter dem Justizminister Dr. Rosenfeld im Dezember 1918 geschaffen sind: ich erwähne die Abschaffung des Schweigegebots in der Gemeinschaftshaft, die Beseitigung von körperlicher Züchtigung und Fesselung, die Erlaubnis von Zeitungen für die Gefangenen, die Zulassung von Tabak, schließlich die Schaffung der Anstaltsbeiräte.

Als drittes darf ich von Hamburg nennen: die Abschaffung des Kahlscheerens der Zuchthausgefangenen und die Beseitigung des Dunkelarrests in allen Hamburger Gefängnissen. Als viertes sind alle die Neuerungen zu nennen, die sich, ohne nach außen hervorzutreten, entwickelt haben, von denen mir natürlich nur einzelne bekannt geworden sind. Außer den Hamburger Einrichtungen rationeller und vielseitiger Arbeitsbetriebe sind hier namentlich die Bestrebungen in Thüringen hervorzuheben, die sich auf verschiedenen Gebieten im Sinne eines energisch und zielbewußt auf den Erziehungsgedanken eingestellten Strafvollzugs verwirklicht haben. Als besonders bedeutsam nenne ich hier die Schaffung einer Übergangsstelle im progressiven Strafvollzug.

Schließlich als Vorgänger der Reichsgrundsätze die von dem Verein deutscher Strafanstaltsbeamten ausgearbeiteten „Vorschläge zu einem Reichsgesetze über den Vollzug der Freiheitsstrafen und sichernder Maßnahmen", die im Mai 1914 auf der Jubiläumstagung des Vereins in Hamburg verabschiedet sind, — das Ergebnis langjähriger Arbeiten des Vereins. —

Die neuen „Grundsätze" haben also Anregungen, Einrichtungen, Vorschläge von früher übernommen. Und doch, als sie erschienen, hatte man den Eindruck: hier ist ein Wérk geschaffen, das weit über seine Vorgänger hinausragt, das wirklich den Strafvollzug auf eine neue und innerliche Grundlage stellt. Hier ist große und intensive Arbeit geleistet auf dem Wege zur Vereinheitlichung des Gefängniswesens in Deutschland, zugleich aber mit sicherer Hand ein Gebäude errichtet, das den Strafvollzug in den Dienst des Erziehungsgedankens stellt. Nicht die Ordnung und Regelung der Verwaltung, nicht die äußeren Einrichtungen, nicht bloße Unterordnung unter die Staatsautorität und am wenigsten bloße Vergeltung der Missetat — sondern der Gefangene selbst, sein Schicksal und seine Seele, seine Aufrichtung und Wiedereinordnung in die Gemeinschaft stehen im Mittelpunkt dieser Regelung.

Der Vollzug der Freiheitsstrafen soll die Gefangenen an Ordnung und Arbeit gewöhnen und sie sittlich so festigen, daß sie nicht wieder rückfällig werden. Bei ihrer Behandlung, die ernst, gerecht, vor allem aber menschlich sein soll, ist ihr Ehrgefühl zu schonen und zu stärken (§ 48/49). Darauf ist Rücksicht zu nehmen bei der Aufnahme und der Durchsuchung (31), bei Transporten und Terminen, bei denen dem Gefangenen eigene Kleidung erlaubt werden kann — das Gleiche kann geschehen bei Besuchen, die der Gefangene erhält. Bei den Besuchen findet zwar regelmäßig (115) Überwachung durch einen Beamten, wie bisher, statt — aber auch hierin sind Ausnahmen gestattet und die Überwachung ist in jedem Fall schonend auszuüben und bei der Einrichtung der Besuchsräume sind Vorkehrungen zu vermeiden, welche geeignet sind, das Empfinden des Gefangenen oder des Besuchers zu verletzen (114, 117). Alles, was geeignet ist, den Gefangenen äußerlich und absichtlich zu degradieren, ist aus diesen Grundsätzen verschwunden — das Kahlscheeren im Zuchthaus ebenso wie die Prügel. Und es ist ebenso erfreulich in kriminalpolitischer Hinsicht, wie charakteristisch für den Geist der Grundsätze, daß nirgends die Aberkennung der bürgerlichen Ehrenrechte — der letzte veraltete Schößling aus der Klasse der verstümmelnden Strafen — in dem Strafvollzug berücksichtigt wird, während noch die „Vorschläge" der Strafanstaltsbeamten eine Trennung der Gefangenen ohne bürgerliche Ehrenrechte von den übrigen Gefangenen vorschrieben (§ 3, 33^1, Bl. f. Gfkde, 47, Sonderheft A).

Die Besuche der Beamten, die möglichst oft stattfinden sollen, sind dazu bestimmt, das Vertrauen der Gefangenen zu gewinnen und ihnen Gelegenheit zu offener Aussprache zu geben (54). Besondere Vorsorge ist für die „geistige und seelische Hebung der Gefangenen" getroffen. Der Unterricht — obligatorisch für alle Gefangenen unter 30 Jahren bei Strafen von mehr als 3 Monaten — ist nicht bloß beschränkt auf Übermittlung von Elementarkenntnissen, er soll „die geistigen Fähigkeiten, die allgemeinen Kenntnisse erweitern und fördern, den Willen zu geordneter Lebensführung wecken und stärken; in ihm sind auch die Grundlagen der Staatsbürgerkunde sowie die wichtigsten Tagesereignisse zu besprechen". Die Unterrichtszeit „kann" auf die tägliche Arbeitszeit angerechnet werden — eine sehr wichtige Bestimmung, die für Jugendgefängnisse obligatorisch gelten sollte! Eigene Zeitungen können dem Gefangenen gestattet werden, Freistunden zu geistiger Beschäftigung sowie jede geeignete Beschäftigung in arbeitsfreier Zeit kann ihnen gewährt werden (106, 109, 111). Für die Arbeit gilt als Grundsatz, daß sie nach Möglichkeit „dauernd für den Gefangenen nützliche Arbeit sein soll", daß bei ihr „Gewöhnung in steigendem Maße an Selbständigkeit und Verantwortung" zu erstreben ist; für alle Anstalten, auch für das Zuchthaus, ist auf Kenntnisse und Fähigkeiten, Beruf und Bildungsgrad Rücksicht zu nehmen. Gefangene, die keinen Beruf erlernt haben, sollen bei längeren Strafen in einem ihren Fähigkeiten entsprechenden Beruf ausgebildet werden, solche, die einen Beruf ganz oder zum Teil erlernt haben, sind, soweit möglich, in diesem oder einem verwandten Beruf zu beschäftigen und weiterzubilden (63, 68, 69). Dementsprechend sind die Arbeitsbetriebe „den Einrichtungen freier Betriebe möglichst anzupassen. Veraltete Einrichtungen sollen durch neuzeitliche ersetzt werden" (75). Der Kern eines Strafvollzugs, der den Gefangenen wieder in die Gesellschaft einordnen will, ist schließlich der progressive Strafvollzug. „Er soll die sittliche Hebung dadurch fördern, daß dem Gefangenen Ziele gesetzt werden, die es ihm lohnend erscheinen lassen, seinen Willen anzuspannen und zu beherrschen" — „er soll auf der Grundlage aufgebaut sein, daß der Strafvollzug je nach dem Fortschreiten der inneren Wandlung des Gefangenen seiner Strenge entkleidet und durch Vergünstigungen, die nach Art und Grad allmählich gesteigert werden, gemildert und schließlich so weit erleichtert wird, daß er den Übergang in die Freiheit vorbereitet" (130). —

Hier ist Halt zu machen und anstelle der bloßen anerkennenden Berichterstattung die Problematik der Fragen zu prüfen.

Der progressive Strafvollzug ist die aus dem Erziehungsgedanken herausgewachsene Reaktion gegen eine Gefängniszucht, die Holtzendorff „windstill" nannte[1]). Langdauernde Einzelhaft mit völliger Isolierung der Gefangenen von einander, auch in Kirche und Schule, sowie beim Spaziergang, Gemeinschaftshaft mit strikt geforderter geistiger Isolierung der Gefangenen durch Schweigegebot, eine Hausordnung, die vom Aufstehen bis zum Zubettgehen dem Gefangenen Arbeit, Erholung, Bewegung, geistige Beschäftigung bis ins Kleinste vorschreibt, nichts verlangt als bedingungs- und seelenlose Unterordnung unter das Anstaltsregime und gegen jede Verletzung der Hausordnung mit einem starren System von Disziplinarstrafen sich wehrt.

1) v. Holtzendorff, Kritische Untersuchungen über die Grundsätze und Ergebnisse des irischen Strafvollzuges. 1865, S. 108.

Eine Menschenbehandlung, die so fortgesetzt mit Druck arbeitete, den Gefangenen systematisch in seiner Selbständigkeit und Willenskraft aushöhlte, konnte keine wertvollen Resultate erzielen. „Hier werden Rückfälle gezüchtet", — so muß man mit einem kurzen, freilich unfreundlichen, aber dafür leider zutreffenden Wort die überwiegenden Wirkungen einer solchen Gefängniszucht charakterisieren.

Gegen diese unpädagogische Gefangenenbehandlung kämpft das System des progressiven Strafvollzugs.

Viele stellen ihn sich vor lediglich so, daß hier eine allmähliche Progression in der Strafe bis zur Entlassung stattfindet: im Anfang strengste Einzelhaft, dann Gemeinschaftshaft mit stufenweise gesteigerten Vergünstigungen und einer schrittweise gelockerten Schärfe des Strafzwanges, die den Übergang in die Freiheit allmählich vorbereiten soll. So heißt es in der Preuß. Dienst- und Vollzugsordnung, die auf Grund der neuen „Grundsätze" ergangen ist: „Bei dem Vollzug von Zuchthausstrafen, sobald deren Dauer neun Monate überschritten hat, und von Gefängnisstrafen nach Ablauf von drei Monaten kann bei Fleiß und guter Führung eine allmähliche *Milderung des regelmäßigen Strafzwanges* eintreten. Es dürfen insbesondere folgende Vergünstigungen gewährt werden": und nun folgen neun mit „insbesondere" angeführte Vergünstigungen, vom Halten einer Tageszeitung bis zur „Selbstbeschäftigung" (§ 53). Sehr charakteristisch wird diese Bestimmung als „*Milderung des Strafvollzuges*" bezeichnet. In Abs. 3 heißt es dann: die Gewährung von Vergünstigungen darf nicht zu einer ziellosen Erleichterung des regelmäßigen Strafzwanges führen, muß vielmehr in Anpassung an die Persönlichkeit des Gefangenen planmäßig darauf abgestellt werden, den Gefangenen zu einem geordneten gesetzmäßigen Leben nach der Entlassung zu erziehen (53^3, 52^2 S. 2.).

Es ist zuzugeben, daß diese Regelung dem Bild entspricht, das man sich überwiegend in Deutschland von dem progressiven Strafvollzug bisher gemacht, sie entspricht auch den Formen, die er z. B. in England in der Praxis angenommen hat. Und doch besteht hier die Gefahr einer wesentlichen Veräußerlichung des Gedankens, einer Entseelung, die im Vorraum der Kernfrage stecken bleibt, zu schweren Enttäuschungen in der praktischen Ausgestaltung führen muß und vielleicht nichts weiter bewirken wird als eine bequem zu handhabende Routine. Vor allem hat man sich davor zu hüten, den progressiven Strafvollzug unter der Marke „Milderung des Strafvollzugs“ oder mit der Württembergischen Dienst- und Vollzugsordnung als „Erleichterung des regelmäßigen Strafzwanges“ (§ 38) zu bezeichnen. Damit wird sein Wesen ganz unzulänglich wiedergegeben. Nicht darum handelt es sich, daß dem Gefangenen sein Los in der Zelle oder Gemeinschaftshaft allmählich erleichtert wird, wenn er sich gut führt, und daß im Anfang der Strafverbüßung und beim Fehlen einer guten Strafführung der alte Druck und Abschreckungsgesichtspunkt nach wie vor den Strafvollzug beherrschen soll. So fassen zwei hervorragende Gefängnispraktiker das Progressivsystem auf. Ellger, der erste Direktor von Wittlich, sagt: Das erste Stadium des Strafvollzugs soll den Rechtsbrecher unter den Zwang des Strafvollzugs beugen, er muß lernen, „keinen eigenen Willen mehr zu haben und immer nur zu gehorchen“. Ebenso verlangt Degen von der untersten Stufe des Progressivsystems: sie sollte „dem Vergeltungszweck und der abschreckenden Wirkung der Strafe zu ihrem Recht verhelfen“.

Der progressive Strafvollzug darf aber keine alte und nur allmählich erleichterte Art der Verbüßung sein, er soll den Gefangenen vom ersten Tage an vor neue Aufgaben und Ziele stellen, er fordert von allen Beamten, nicht bloß dem Direktor, eine ganz neue und wesentlich veränderte Auffassung ihrer Stellung zu den Gefangenen.

Das Ziel, das erstrebt wird, ist die Erziehung des Gefangenen, seine Umwandlung aus einer asozialen, bisweilen direkt antisozialen Natur zu einem Menschen, der sich von innen heraus mit seinen Instinkten und Handlungen unter die soziale Gemeinschaft stellt. Dieses Ziel kann niemals erreicht werden durch die Anwendung der alten Druck- und Zwangsmittel, die nur bei guter Führung erleichtert werden. Nur aus einer falschen pädagogischen Einstellung, aus einer Nachwirkung der überkommenen Methode der Gefangenenbehandlung ist der Gedanke zu verstehen: Zuerst muß der Gefangene unter stärksten Druck gestellt werden, er muß geistig, seelisch, menschlich ausgehungert werden, man appelliert aber an seinen Egoismus und stellt ihm Erleichterungen in Aussicht, für die es „lohnt, seinen Willen anzuspannen und zu beherrschen". Das aber bedeutet: man spekuliert auf diejenigen Eigenschaften, die ihn in die Strafanstalt gebracht haben; denn auch der professionelle Verbrecher, ja grade er, ist jeder Anstrengung fähig und zu ihr bereit, die ihm greifbare, sinnenfällige Verbesserungen seiner Augenblickslage verspricht. Leider aber helfen solche Anstrengungen in der Freiheit nur sehr wenig. Die Erinnerung an den Druck und die Entbehrungen der Strafe verblassen bekanntlich sehr schnell: „gehabte Schmerzen hab' ich gern", heißt es bei Wilh. Busch. Es bleibt aber die Grundstimmung, daß man sich nur dann zusammenreißt und diszipliniert, wenn man einen Vorteil davon in Sichtnähe erkennt. Im Leben aber liegen die Dinge ganz anders wie im Gefängnis. Hier folgen einer sozialen Lebensführung keineswegs auch nur regelmäßig „Vergünstigungen" und „Erleichterungen". Grade das Gegenteil sieht der entlassene Kriminelle, der oberflächliche, äußere Kausalitäten, die seiner egozentrischen Einstellung entsprechen, nur zu deutlich in sich aufnimmt und verwertet. Gut geht es — so sagt er — nicht dem sozial-rücksichtsvollen, sondern dem skrupellosen, von Hemmungen nicht beschwerten, nur an sich denkenden Menschen. Wer also nur unter dem Druck und der Aussicht auf Vergünstigungen sich zur Arbeit und tadellosen Führung gewöhnt hat, wird diese Gewöhnung sehr bald aufgeben, weil in der Freiheit ganz andere Bedingungen für den Kampf um das Leben gelten. Das kann man schon bei dem gegenwärtigen Strafvollzug erkennen. Gerade solche Kriminelle, die immer wieder rückfällig werden und den „Betrieb" in der Strafanstalt genau kennen, ordnen sich der

Anstaltsordnung meist am willigsten unter, sie führen sich tadellos, weil sie wissen, daß sie nur dadurch sich Schwierigkeiten ersparen und Vergünstigungen „herausschlagen" können. So bald sich aber die Tore der Strafanstalt ihnen wieder öffnen, bricht oft schon in kürzester Zeit ein aufgespeicherter und hemmungsloser Hunger nach den so lange entbehrten Lebensgenüssen aus und das alte Spiel beginnt: sie haben schnell vergessen, was ihnen das Gefängnis hätte lehren können und sind die alten haltlosen und hemmungslosen Menschen wieder, in dem Augenblick, in dem der Druck der Gefängnisordnung sie nicht mehr im Zaum hält. —

So ist es zu verstehen, daß grade unsre erfahrensten Gefängnispraktiker sich so lange leidenschaftlich gegen den progressiven Strafvollzug gewehrt haben, — ich nenne nur einen Namen: Krohne — sie gingen von dem alten Strafvollzug aus und hatten von diesem Ausgangspunkt recht, wenn sie das Progressivsystem ablehnten als eine mechanische Methode zur Erzielung von Gefängnisstrebern, das aber niemals die Kraft haben würde, den Gefangenen wirklich in die Gemeinschaft einzuordnen.

Und doch ist dieses System von größter Heilkraft für die Verbesserung des Strafvollzugs, sobald man erkennt, daß hier eine qualitativ andersgeartete Strafverbüßung in Frage steht, sobald man sich bemüht, klar zu sehen in die Mittel und Ziele des Erziehungszwecks.

Zwei Gesichtspunkte sind hier zu betonen. Einmal soll das System ein Gegengewicht gegen die Schäden einer langzeitigen Freiheitsentziehung geben. Die „Vergünstigungen" sind nicht gedacht als bloßer Köder für gute Führung, sie sollen vielmehr verhindern, daß der Gefangene unter der Monotonie und Routine des Strafvollzugs willenlos und abgestumpft wird, sie wollen ein Sicherheitsventil darstellen, damit nicht die Lebensenergie des Gefangenen verringert und er damit untauglicher für den „Kampf ums Dasein" der Freiheit zurückgegeben wird. Sie wollen nicht seinen Egoismus aufpeitschen, sondern seinen Willen anspannen. Durch die Hoffnung, die nach dem Satz der Thesen des ersten internationalen Gefängniskongresses in Cincinnati ein stärkerer Faktor als die Furcht ist, soll der Druck des Gefängnislebens verringert und eine Methode verwirklicht werden, die anstelle von Macht und physischem Zwang in Gestalt der Disziplinarmittel durch suggestiv überzeugende Beeinflussung wirkt. Hiermit hängt als Reflexwirkung des Progressivsystems zusammen, daß seine Ausgestaltung in erheblichem Maße eine Verringerung der Disziplinarmittel fördert. —

Zweitens aber will die Progression — positiv — die Ursachen des Verbrechens (soweit sie in der Person des Kriminellen liegen) mit pädagogischen Mitteln bekämpfen. Will man dieses Ziel — die wichtigste Aufgabe wirklicher Reform unsrer Gefängnisse — verwirklichen, so sind drei Forderungen zu stellen: „Der Kerker nimmt den Menschen auf, den Verbrecher läßt er vor der Tür“. Mit diesem unsterblichen Wort des Spaniers Montesinos ist die erste Forderung ausgesprochen. Die Behandlung in der Strafanstalt darf nicht durch die Tat des Verbrechers bestimmt werden, nicht durch das Werturteil und die Ablehnung der Gesellschaft, die Mißachtung, die durch Strafprozeß und Urteil über ihn ausgesprochen wird. Vielmehr soll sie den Menschen als Ganzes erfassen. Seine Lebensverhältnisse, seine Anlagen und die Welt, aus der heraus er gewachsen ist und in die er wieder zurückgeht, sind so weit zurück und so genau, wie nur möglich, zu erforschen. Seine Leistungsfähigkeit, das, was er an Energie und Aufmerksamkeit, an Urteilsfähigkeit und geistigem Horizont, an Gaben des Gemüts und seelischer Auffassung mitbringt, und was an all' dem des Aufbaus, der Entwicklung und Vertiefung fähig ist. —

Zweitens soll die langzeitige Freiheitsstrafe eine Umwandlung des ganzen Menschen erstreben. Man kann nicht, wie Wichern sagt, „den Menschen wie ein Kleid stückweise bessern und verbessern; es kommt vielmehr auf die Schöpfung eines neuen Lebens an“. Daher ist es ein naives und nutzloses Unterfangen, den Gefangenen so nebenbei nach einem acht- oder gar zehnstündigen Arbeitstag sittlich und geistig heben zu wollen, ihm hin und wieder erzieherische Dosen zu geben, wie Zusatznahrungsmittel oder eine schmerzstillende Medizin zu bestimmten Stunden. Wenn in einem Strafvollzug Polizei- und Sicherungsfunktionen durch unpädagogische Mittel verwirklicht werden, der Alltag des Strafvollzugs durch den Wachtmeister alten Stiles beherrscht wird, so ist die pädagogische, seelische und seelsorgerische Arbeit, die bestimmten Personen und bestimmten Ressorts übertragen wird, zur Unfruchtbarkeit verdammt. Selbst der innerlichste und begabteste Erzieher wird in einem solchen Strafvollzug seine beste Kraft verbrauchen. Man kann nicht Gefangene mit Erfolg beeinflussen, wenn der Erzieher nur ein Nebenfaktor im Strafvollzug ist, wenn seiner Tätigkeit bewußt oder unbewußt durch Beamte entgegengearbeitet wird, die nicht Erziehung, sondern Gehorsam wollen, denen wirtschaftliche Ergebnisse der Arbeit für den Staat höher stehen als Ergebnisse der Erziehungsarbeit an dem Gefangenen. Daher kann — wie die von Thüringen ins Leben gerufene „Arbeitsgemeinschaft für Reform des Strafvollzugs" Januar 1923 auf ihrer Eisenacher Tagung ausgesprochen hat [1]) — wirksame Erziehungsarbeit in keiner Strafanstalt geleistet werden, wenn nicht „ein einheitlicher pädagogischer Geist alle Beamten vom Leiter bis zum letzten Beamten und Angestellten beherrscht".

Diese Erziehungsarbeit kann aber nur dann fürs Leben dauern, sie wird nur dann mehr als ein bloßes Wort, ein frommer Wunsch, eine beruhigende Geste sein, wenn sie den Willen hat, den Gefangenen in seiner Totalität zu revolutionieren. Niemals kann man bei Gefangenen durch Zwang und Druck von außen, durch bloße Erleichterung des Strafzwanges bei guter Führung eine solche *μετάνοια*, eine solche Umwandlung des Menschen erreichen. Not tut vielmehr, daß man alle seine Kraft und seine Menschengüte einsetzt, um den Gefangenen aus seinem bisherigen „asozialen Lebensrhythmus" (Hoffmann) herauszulösen und ihm die Züge einer neuen Welt, neue Interessen, neue Antriebe so zu entwickeln, daß er allmählich in sie hineinwächst, für

1) So jetzt Thür. DO. § 17.

sie Verständnis gewinnt und sich durch sie in seinen Handlungen bestimmen läßt. Not tut, daß man durch das eigene Beispiel der Beamten in Wort und Tat dem Gefangenen zum Ausdruck bringt, daß er nicht als Mensch andrer Art, als „Verlorener“ und „Hoffnungsloser“ angesehen wird, sondern daß man daran glaubt, auch dem wiederholt Rückfälligen gegenüber, daß er ein andrer Mensch werden kann, und daß man ihm hierzu helfen will. Freilich, auch darüber muß ihm Klarheit geschaffen werden, daß man ihm zwar helfen kann und soll, daß es aber im Grunde nur von seinem eignen Willen abhängt, ob er sich in der Freiheit halten wird, daß sein Schicksal in seine Hand gegeben ist. Daher ist für seine Zukunft nicht das entscheidend, daß er ein „guter Gefangener“ zu werden sich bemüht und sich dadurch Erleichterungen durch einwandfreie Führung verschafft, — nur wenn diese Betätigung im Gefängnis eine Schule für sein Leben wird, wenn in ihr die Fundamente gelegt werden dafür, daß er draußen ein „guter Bürger“ zu werden verspricht, ist ihm zu helfen. —

Es handelt sich also bei dem Progressivsystem um Aufgaben, die ein großes Maß von pädagogischer Schulung und Suggestivkraft bei den Beamten erfordern. Daher ist kein Zweifel, daß die wertvollen Gedanken des Progressivsystems unverwirklicht bleiben werden, solange das Wort Vambérys auf dem Gefängniskongreß in Washington berechtigt bleibt: „Der Gefängnisbeamte von heute ist für die Behandlung der Kriminellen ebenso gut ausgebildet, wie eine Krankenschwester vor einem Jahrhundert für die Behandlung der Kranken ausgebildet war“. D. h. konkret gesprochen: alle unsre Arbeit im Strafvollzug steht auf dem Papier, solange es vorkommen kann, daß minderbegabte Beamte aus der Justiz und Polizei in den Gefängnisdienst abgeschoben werden, — solange 50 % unsrer Versorgungsanwärter ohne weiteres in den Gefängnisdienst übernommen werden müssen, wie dies die Grundsätze der Reichsregierung von 1922 vorschreiben, solange eine wirkliche durch Sachverständige, nicht bloße Gefängnisroutiniers geleitete — theoretische und praktische — Schulung unsrer Gefängnisbeamten, wie sie der § 9 der Grundsätze voraussetzt, uns fehlt! —

Die dritte Forderung an das Progressivsystem ist, daß in der Anstalt nur ein Anfang von Erziehungsarbeit geleistet werden kann; soll sie Erfolg haben, so muß diese Arbeit draußen, nach der Entlassung in demselben Geist fortgesetzt werden. Grade auf die Gefangenen, namentlich die Rückfälligen und Professionellen trifft das Wort von Stifter zu: sie sind Menschen mit Anfängen — ohne Fortsetzungen! Daher muß die Fürsorgetätigkeit für die Zeit nach der Verbüßung, namentlich eine individuelle und kollektive Schutzaufsicht vom ersten Tage der Strafverbüßung an in die Wege geleitet werden. Von dem Erfolg dieser Bemühungen wird das Gelingen der Erziehungsarbeit im Gefängnis entscheidend abhängen; ohne sie wird sie in den meisten Fällen eine Danaidenarbeit bleiben. Die Progression wird nur dann gegen den Rückfall schützen, wenn sie in dem Leben außerhalb der Gefängnisarbeit solange fortgesetzt werden kann, bis der Entlassene wirklich gelernt hat, sicher auf eignen Beinen vorwärts zu gehen.

Diesem Zweck dient in besonders wirksamer Art die Einrichtung des Fürsorgers nach dem Muster von Wittlich und Thüringen. Leider bestimmen die Grundsätze nicht, daß in allen Strafanstalten mit progressivem Strafvollzug diese Funktion von Beamten ausgeübt werden soll, die im Gefängnisleben und vom ersten bis zum letzten Tage der Strafverbüßung Gelegenheit haben, die Eigenart der Gefangenen kennen zu lernen. Ohne eine solche Einrichtung bleibt die Fürsorge für Entlassene leicht ein Fremdkörper im Strafvollzug, — für sie arbeiten die bekannten Vereinigungen außerhalb der Strafanstalt mit sehr viel Aufopferung, aber doch ohne wirklich unmittelbare Kenntnis der ihnen Empfohlenen. Die gelegentliche Besprechung mit einem solchen Gefangenen, die schriftliche oder mündliche Auskunft von den — meist ohnedies überlasteten — Gefängnisbeamten kann niemals eine solche Sicherheit der Diagnose und Prognose geben, wie sie ein Fürsorger hat, der mit den Gefangenen lebt und für ihre Zukunft sich von Amtswegen einzusetzen hat. —

Ehe ich die Nutzanwendung aus diesen Forderungen ziehe, möchte ich noch eine Episode, ein Zwischenkapitel zu der Frage der „Vergünstigungen“ streifen: die Behandlung des sog. Überzeugungsverbrechers.

Der § 52 schreibt eine besondere Behandlung im Strafvollzug für solche Gefangene vor, denen das Strafurteil ausdrücklich attestiert, daß der „ausschlaggebende Beweggrund“ zu ihrer Tat darin bestand, daß der Täter sich zu ihr „verpflichtet hielt, auf Grund seiner sittlichen, religiösen oder politischen Überzeugung“. Solchen Gefangenen sind die für die Strafart zulässigen Vergünstigungen ohne weiteres zu gewähren, und es kann von Fristen, die für die Gewährung von Vergünstigungen vorgeschrieben sind, bei ihnen abgesehen werden. (Wie sich diese beiden Sätze mit einander vertragen, ist nicht ganz klar.)

Diese Bestimmung stammt aus dem leider bisher nicht veröffentlichten Strafgesetzentwurf Radbruchs, — einem Entwurf, den ich kenne und von dem ich sagen möchte: er stellt weitaus den Höhepunkt der strafgesetzlichen Reformarbeit der letzten Jahrzehnte dar — sie hatte hier aber eine ganz andere Bedeutung. Hier war nämlich neben Gefängnis und strengem Gefängnis — die mit dem Erziehungsgedanken unvereinbare und auch sonst nicht zu rechtfertigende Zuchthausstrafe war beseitigt — die Strafe der Einschließung (alias: Festung) für solche Überzeugungsverbrecher vorgesehen. Radbruch hat diese Regelung in einem Aufsatz der Festschrift für Lilienthal (Z. 44, 34 ff.) damit gerechtfertigt, daß „der Überzeugungsverbrecher, weder ein Besserungsbedürftiger noch ein Vergeltungswürdiger, sondern nur ein Andersdenkender, ein Gegner der derzeitigen sittlichen, religiösen, politischen Macht sei, den diese wohl im Interesse ihrer Selbstbehauptung bekämpfen, nicht aber mit willensbeugender Vergeltung oder selbstgerechter bessernder Beeinflussung behandeln dürfe“.

Für den Überzeugungsverbrecher war also eine besondere Strafart, die alte custodia honesta der bloßen Freiheitsentziehung vorgesehen. Davon ist in den „Grundsätzen“, die ja die Strafarten des Strafgesetzbuchs nicht ändern dürfen, nichts übrig geblieben, als die Zulassung der Vergünstigungen für jede Strafart. Das aber ist eine zum Mindesten unpraktische Neuerung. Wir haben ja die Festungsstrafe und bei ihrer Regelung geraten die „Grundsätze“ in einen wahren Vergünstigungsrausch. In nicht weniger als 19 Paragraphen — von der Zuchthausstrafe handeln nur 6 Paragraphen! — werden hier eine Fülle von Erlaubnissen ohne Fristen und fast ohne Einschränkungen gewährt: man kann sich täglich einen halben Liter Bier, Obstmost oder einen viertel Liter Wein anschaffen, sich beschäftigen, wie man will, sich täglich mindestens fünf Stunden lang im Freien aufhalten — gemeint sind nicht Promenaden von solcher Zeitdauer, sondern verschämt ist damit angedeutet, daß der Festungsgefangene solange außerhalb der Anstalt sich aufhalten darf — kurz, es ist eine Strafe, bei der namentlich der überanstrengte Großstädter das Gefühl nicht los wird: „so etwas möchtest du wohl auch einmal — erleiden“. Also bei dieser Strafe brauchen wir gewiß keinen Überzeugungsverbrecher in Gänsefüßen. Nicht viel anders liegt die Sache bei Haft und Gefängnis: auch hier sind bei den besonderen Bestimmungen und bei der allgemeinen Regelung Vergünstigungen schon für den homo criminalis communis vorgesehen, daß man nicht versteht, warum außerdem noch die Sonderklasse des Kavalierverbrechers nötig war! Man wendet vielleicht ein: der Überzeugungsverbrecher bekommt diese Vergünstigungen von vornherein, der gemeine Verbrecher aber erst bei guter Führung und nur solange diese gute Führung vorhält. Wie aber soll das durchgeführt werden? Bei Gemeinschaftshaft ist es natürlich ausgeschlossen, aber auch in der Einzelzelle würde es zu höchst unerfreulichen Konflikten führen. Man denke: in der Zelle links ein Überzeugungsverbrecher von der kommunistischen, in der Zelle rechts ein solcher von der nationalsozialistischen Partei, in der Mitte ein Feld- und Wiesendieb! Und der muß nun den ganzen Tag — riechen, was seine Leidensgenossen von höherem Rang rechts und links an Tabak konsumieren, hören, wie sie ihre Parlamentsreden für die Zeit nach der Entlassung memorieren!

Ganz besonders arg aber wird es schließlich, wenn einmal ein Überzeugungsverbrecher ins Zuchthaus geschickt werden sollte. Ganz abgesehen davon, daß hier nur die Aushändigung entbehrlicher Gegenstände, Zusatznahrungsmittel, Zeitungen, Arbeiten und Spiele für die arbeitsfreie Zeit nach Ablauf bestimmter Fristen vorgesehen sind, — wie ist dieser Gedanke der „Vergünstigungen“ für ehrliche Überzeugung zu vereinen mit einer Strafart, die ex lege — leider — die Ehrenminderung des zu ihr Verurteilten ausspricht? —

Aber die ganze Sache ist nicht bloß unpraktisch, sie ist gefährlich und kontrastiert gradezu mit dem Geist, der sonst die Grundsätze beherrscht. Die Erfahrungen der letzten Jahre — man denke an Liebknecht, Leviné, Fechenbach, kommunistische Verbrecher, Hitler-Ludendorf! — lehren ja mit erschütternder Deutlichkeit, daß gar keine Garantie dafür besteht, daß solche „Pflichtüberzeugung“ von unsren Gerichten gleichmäßig nach rechts und links anerkannt wird. Sie wird überall da versagt werden, wo die Weltanschauung des Richters soweit von der des Rechtsbrechers abweicht, daß dieser in ihm nicht den zu respektierenden Andersdenkenden, sondern nur den gemeingefährlichen Schädling erkennen kann. Dazu kommt, daß die Folgen, die solche Taten von Überzeugungsverbrechern hervorrufen, oft viel gefährlicher für die Gemeinschaft sein können, als die Verbrechen aus Not, Leidenschaft oder gemeinem Egoismus! Radbruch stellt selbst zur Erwägung, ob nicht für bestimmte Tatbestände, vor allem den Mord, diese Privilegierung auszuschließen sei? — den Mord, obwohl grade er den Hauptanwendungsfall, gradezu das Musterbeispiel für solche Überzeugungsverbrecher abgibt!

Auch ist der Grundgedanke nur aus einem unbewußten Steckenbleiben in einer veralteten Strafauffassung zu erklären. Wer das Zuchthaus beseitigen will, muß natürlich auch sein positives Komplement: die Festung beseitigen. Man kann nicht in jedem Rechtsbrecher den Menschen sehen, wenn man bestimmte Kategorien (noch dazu von solcher unfaßbaren, rein auf politische Instinkte abgestellten Abgrenzung) von vornherein anders und besser behandelt. Radbruch verlangt willensbeugende Vergeltung und selbstgerechte Besserungsmaßregeln für die gewöhnlichen Verbrecher und meint, daß solche Maßregeln eine sittliche Überlegenheit des strafberechtigten Staates über den Straffälligen voraussetzen, die eben dem Überzeugungsverbrecher gegenüber nicht vorliege. Dabei wird verkannt, daß die Freiheitsstrafe überhaupt nicht den Willen beugen, vergelten und mit selbstgerechtem Pharisäertum an den Gefangenen herantreten soll, — das war allerdings die Konsequenz einer falschen Straftheorie —. Sie soll vielmehr versuchen, ohne jede Selbstgerechtigkeit nach dem deutlich zu erkennenden Leitmotiv „wir sind allzumal Sünder!" das Vertrauen des Gefangenen zu gewinnen, ihm helfen, die schlechten und asozialen Richtungen seines Wesens allmählich abzustoßen, und die guten Qualitäten in ihm, die in keinem, wirklich keinem Verbrecher ganz fehlen, heilkräftig weiter zu entwickeln. Macht man sich das klar, — und der Kern der Grundsätze fordert zweifellos eine solche Einstellung — so ergibt sich mit unabweislicher Konsequenz: man darf überhaupt nicht zwischen Gefangenen, die man zu respektieren, die man gut zu behandeln, und solchen Gefangenen unterscheiden, die man nicht zu respektieren und zunächst schlecht zu behandeln hat! Es gibt keine größere Verkennung des neuen Strafgedankens. Für alle Verbrecher vielmehr, die längere Strafen zu verbüßen haben, — und andre kommen überhaupt nicht für den Überzeugungsverbrecher in Betracht — ist damit zugleich gesagt, daß sie längerer Erziehung bedürftig sind. Der alte Satz aber, den wir in der Schule gelernt haben, „der Mensch, der nicht geschunden wird, wird auch nicht erzogen", hat sich als schlechte, unbrauchbare Erziehungsmaxime in der Praxis des Strafvollzugs von Jahrhunderten herausgestellt. Erziehen heißt eben nicht mit Druck und Beugung des Willens einen anderen Menschen schaffen, sondern es heißt: durch Überzeugungskraft, durch den Glauben an den Mitmenschen, der grade hier Berge versetzt, durch suggestive Beeinflussung allmählich das Schlechte, Schwache, Verzerrte und Einseitige in dem Gefangenen ablösen und mit ebensolchen Mitteln den Grund legen zu einer Weiterentwicklung brauchbarer Qualitäten. Stellt man sich aber auf diesen Standpunkt, dann ist leicht zu erkennen, daß der „Überzeugungsverbrecher" genau ebenso einer bessernden Behandlung unterworfen werden kann und muß, wie jeder andre erziehungsbedürftige Kriminelle. Und natürlich darf der Staat nur dann einen Verbrecher einsperren, wenn er für seine Normen den „Charakter sittlicher Überlegenheit" in Anspruch nimmt. Nicht dafür wird ja der Überzeugungsverbrecher bestraft, daß er andre Überzeugungen hat wie der strafende Staat, sondern daß er durch solche Überzeugungen sich zu Angriffen gegen schutzwürdige Interessen von Staat und Gesellschaft hat hinreißen lassen. So ist der Gedanke einer Sonderbehandlung des Überzeugungsverbrechers vom kriminalpolitischen wie rechtsphilosophischen Standpunkt durchaus abzulehnen. —

Und nun zurück zu der Frage einer richtigen Ausgestaltung der Progression im Strafvollzug. Hier lassen die „Grundsätze" leider manches vermissen. Ihnen fehlt einmal die Forderung einer Zwischen- und Übergangsstation, wie sie im irischen Progressivsystem zuerst anerkannt wurde. Bekanntlich wirken die Anreize zum Rückfall grade am intensivsten und unheilvollsten in der ersten Zeit nach der Entlassung. Der Gefangene tritt, auch wenn er aufrichtige und ernste Vorsätze hat, der Welt gegenüber, wie ein Mensch, der nach langer Krankheit erst wieder das Gehen lernen muß. Und er steht einer Welt gegenüber die ihn mit gedanken- und herzloser Rohheit, mit plumpen Händen von sich zurückzustoßen geneigt ist. Daher ist es richtig, ihm und der Gesellschaft zunächst ein Sicherheitsventil gegen den Rückfall dadurch zu geben, daß die Progression stets ausläuft in eine widerrufliche, aber mit der Stütze einer Schutzaufsicht versehene vorläufige Entlassung. Zwischen diesem Stadium und den letzten Monaten vorher aber sollte jeder Gefangene erst an das Leben in der Freiheit gewöhnt werden. Und dies geschieht am besten dadurch, daß er als letztes Stadium des Strafbetriebs unter den Bedingungen einer Zwischenanstalt arbeitet. D. h. in einen Organismus hineingestellt wird, dem Mauern und sonstige äußere Vorkehrungen der Freiheitsentziehung fehlen, und der „Gefangene“ nur innerlich durch seinen Willen den Gedanken der Bindung an den strafenden Staat zum Ausdruck bringt. Damit legt er eine letzte und bedeutsame Probe ab, ob er durch die Erziehung der vorausgegangenen Strafstufen geläutert und gefestigt ist, und ob von ihm erwartet werden darf, daß er auch in der Freiheit Halt und Selbständigkeit bewahren wird. —

Wie aber ist — eine Kardinalfrage — der Gefangene zu dieser Selbständigkeit zu erziehen? Diesem Gedanken wird die Regelung der Grundsätze nicht gerecht. Es heißt in den Grundsätzen: Der Strafvollzug soll seiner Strenge erst allmählich entkleidet werden. Daraus ist geschlossen worden, wie wir gesehen haben, daß zunächst dem Gefangenen in der Einzelhaft das Strafübel besonders empfindlich zum Ausdruck gebracht werden soll und daß geistige und seelische Anregungen, ja sogar Zusatznahrungsmittel erst gewährt werden sollen, wenn der Gefangene sie durch seine Führung verdient hat. Das aber ist eine ganz falsche und gefährliche Auffassung: es ist jener Geist, der nach einem Wort Röders mit himmlischer Geduld die Leiden — Anderer erträgt! Die Einzelhaft im Anfang der Strafe sollte — ohne Rücksicht auf den Wunsch des Gefangenen, ohne Rücksicht auf seine vermutliche relative Unverdorbenheit oder umgekehrt seine bereits vorgeschrittene Verwahrlosung — stets nur als probatorische Maßregel verwirklicht werden. Diese Isolierung verfolgt den Zweck, den Gefangenen aus seinen bisherigen Beziehungen zum Leben mit scharfem Schnitt herauszulösen — nicht um ihm empfindliches Leid zuzufügen, auch nicht um ihm ein möglichst ungestörtes buen retiro zu verschaffen, sondern damit er erst mal zur Ruhe kommt und damit man ihm Gelegenheit gibt und dazu hilft, seine Vergangenheit „abzureagieren“. Und zweitens soll die Isolierung den Beamten in die Lage versetzen, ihn möglichst unbehindert durch andre Eindrücke und Einwirkungen nach Art etwa eines feinfühligen Psychoanalytikers zu studieren. Hier in der Zelle auf Grund der Aussprachen und Beobachtungen muß der Erziehungsplan ausgearbeitet werden, die Entscheidung darüber, wie der Gefangene zu beschäftigen und zu beeinflussen, wie tief zu graben ist, um ihn zu einem anderen Menschen zu machen. Solche psychotherapeutische Arbeit — um nichts anderes handelt es sich — kann aber nur mit Nutzen angefangen werden, wenn es dem Beamten gelingt, das Vertrauen des Gefangenen zu gewinnen und seelische Fühlfäden anzuknüpfen. Daher darf hier grade nicht Ernst, Zurückhaltung, Strenge in den Vordergrund der Behandlung treten. Im Gegenteil: der noch nicht ganz abgestumpfte Gefangene ist in diesem Stadium gewöhnlich besonders labil und erregbar, ebenso leicht zu verwunden, wie leicht zu sich herüberzuziehen. Erstes Erfordernis sollte daher im Anfang der Strafverbüßung sein: eine besonders entwickelte Fähigkeit der Einfühlung bei den Beamten und besondere Vorsicht vor jedem Wort und jeder Haltung, die geeignet sind, den Gefangenen zur Verschlossenheit, zur Verbitterung, zu jenem obstinaten Verhalten zu bringen, das sich so leicht in Gefängnissen mit unpädagogischen Beamten einstellt und regelmäßig ganz falsch zu Ungunsten des Gefangenen (nicht: als Zeichen einer falschen Behandlung durch den Beamten) ausgedeutet wird. Daher ist es auch falsch, hier prinzipiell den Gefangenen seelisch und geistig auszuhungern — je stärker hier unmittelbare und warme Menschlichkeit an seine Seele rührt, um so offener und tiefer wird sich der Gefangene erschließen, um so festere Handhaben wird er zu einer tiefer grabenden Beeinflussung darbieten. Die Einzelzelle sollte daher niemals als Strafmittel, sondern als Mittel zur Beobachtung und Beruhigung des Gefangenen benutzt werden. Es kann infolge der Entwicklung eines Gefangenen notwendig sein, immer wieder zu ihr vorübergehend zurückzukehren. Aber als Prinzip eines auf Erziehung eingestellten progressiven Strafvollzugs sollte gelten: niemals die Einzelzelle als Dauereinrichtung!

Ich weiß wohl, daß heute noch diese Gedanken in Deutschland auf stärksten Widerspruch zu rechnen haben, weil ein Jahrhundert lang die Einzelzelle bei uns zu einem Dogma erstarrt ist. Und doch sind ihre Gefahren leicht genug zu durchschauen: die künstliche Isolierung und Abstumpfung des Willens, die Gewöhnung an üppig wuchernde, von den Realitäten des Lebens immer weiter wegtreibende Phantasien, die Loslösung von jeder gefährlichen, aber auch stählenden Mitarbeit mit anderen Menschen in der gleichen Lage! Aus dieser Erkenntnis heraus ist der progressive Strafvollzug erwachsen. Die „Grundsätze" aber haben seinen Wert entweder nicht voll erkannt oder sie sind durch entgegenwirkende Tendenzen aus der Praxis des alten Strafvollzugs zu Kompromissen gedrängt worden. So heißt es: Dem Wunsch des Gefangenen nach Einzelhaft ist womöglich zu entsprechen. Vorzugsweise sollen solche Gefangene in Einzelhaft untergebracht werden, die noch keine oder nur geringfügige Strafen verbüßt haben. (43, 44) Geschieht dies im Anfang der Strafzeit, so ist das durchaus richtig. Wird es aber mit Rücksicht auf die Sensibilität und Unbescholtenheit eines Gefangenen etwa dauernd, für die ganze Strafzeit durchgeführt, so ist dies vom pädagogischen Standpunkt abzulehnen, weil eben die längere Isolierung Selbständigkeit und Halt fürs Leben nur zu leicht unterminiert und diese schädigende Wirkung nach der Entlassung grade Anfängern auf dem Wege des Verbrechens verhängnisvoll werden kann. Ebenso setzt man die Anforderungen an den Erziehungsgedanken zurück, wenn man mit den „Grundsätzen" Gefangene, von denen man einen schädlichen Einfluß auf die Anderen befürchtet, womöglich dauernd in Isolierung hält. (45) Für Jugendgefängnisse gilt der Satz, daß ein Jugendlicher über 3 Monate nur in Einzelhaft gehalten werden darf, mit Zustimmung des Anstaltsarztes. (201) D. h. nur Gesundheitsrücksichten werden beachtet, nicht Gesichtspunkte der Erziehung! Ganz besonders bedenklich erscheint mir ferner die Unterscheidung von Einzelhaft und Zellenhaft. Unter Einzelhaft verstehen die Grundsätze eine bei Tag und Nacht nicht bloß bei der Arbeit, sondern auch, im Gegensatz zur Zellenhaft, bei der Bewegung im Freien, beim Gottesdienst, beim Unterricht oder bei besonderen Anlässen durchgeführte unausgesetzte Sonderung von anderen Gefangenen. Damit sind sie zu den geschlossenen Einzelsitzen, zu den „stalls“, Einzelspazierhöfen, ja im Grunde zu den Masken und Schirmkappen der Gefangenen, zurückgekehrt — Einrichtungen, von denen sogar ein solcher Fanatiker der Einzelhaft wie Krohne schon 1889 sagte, daß sie nebensächlich seien und beseitigt werden könnten. Inzwischen aber sind sie, wie die Einzelspazierhöfe und Masken, wenn ich nicht irre, durchweg, die „Ställe“ in Kirche und Schule aber wenigstens teilweise z. B. in Hamburg, beseitigt, während sie in den großen Berliner Gefängnissen älteren Datums noch bestehen. Aber ich habe immer nur gehört, daß man ihre Beseitigung der Kosten wegen bisher nicht vorgenommen habe, niemals, daß auf sie irgend ein Wert gelegt werde. Denn das grade Gegenteil ist richtig. Für Zwecke der Sicherung sind sie — bei genügend geschulten Beamten — ohne Bedeutung. Anknüpfung von Beziehungen der Gefangenen unter einander aber finden bekanntlich auch bei strengster Isolierung statt, ja sie sind sogar schwerer zu erkennen bei den geschlossenen Einzelsitzen, als wenn die Aufseher oder Lehrer die ganzen Reihen ohne die die Übersicht erschwerenden Ställe beobachten können. Jedes Gemeinschaftsgefühl aber und damit jede Stimmung erhebender Art wird in plumpster Weise zerstört, wenn Kirche und Schule durch solche Bretterwände i Einzelzellen zerlegt werden.

Durch die ausdrückliche Hervorhebung dieser Einzelhaft, die sich sogar — horribile dictu! — bei den Bestimmungen über Jugendgefängnisse findet (§ 201), wiederholen die Grundsätze scheinbar nur die Bestimmungen des Strafgesetzbuchs. Da man aber bisher niemals angenommen hat, daß durch die Beseitigung jener Ställe und Einzelspazierhöfe die Einzelhaft im Sinne des Strafgesetzbuchs verändert werde, so konservieren die „Grundsätze“ gradezu einen im wesentlichen überwundenen, nur noch aus Kostenrücksichten beibehaltenen Zustand für die Zukunft. Und leider hat die unglückliche Bestimmung schon jetzt zu einer wesentlichen und m. E. rechtsungültigen Verschlechterung der Lage der Gefangenen geführt! Die „Grundsätze“ sagen nichts über die Dauer der Einzelhaft. Die Bestimmung des Strafgesetzbuchs, daß die Einzelhaft ohne die Zustimmung des Gefangenen die Dauer von 3 Jahren nicht übersteigen darf, behält also natürlich ihre Gültigkeit. Jetzt aber wird nach der Preußischen wie der Württembergischen neuen Dienstordnung diese Beschränkung nur für die Einzelhaft, nicht für die Zellenhaft ausgesprochen (Preußen § 65^{5}, Württemberg, 213)! Daß das pädagogisch so verkehrt wie möglich ist, zumal unter der Herrschaft eines progressiven Strafvollzugs, halte ich für sicher. Ich bestreite aber auch die Rechtsgültigkeit einer solchen Bestimmung. Denn das Strafgesetzbuch, dessen Gültigkeit natürlich durch die „Grundsätze“ nicht angetastet werden darf, unterscheidet nur Einzelhaft und Gemeinschaftshaft. Die „Zellenhaft“ kann aber nicht zur Gemeinschaftshaft gerechnet werden, muß daher nach den Grundsätzen des Strafgesetzbuchs über Einzelhaft beurteilt werden! —

Man sieht also: die Grundsätze stehen im Bann einer Überschätzung der Einzelhaft, ja sie haben sich infolgedessen verleiten lassen, eine rückläufige, im wesentlichen überwundene Entwicklung neu zu stärken. Dabei sollte klar sein: der progressive Strafvollzug, der Erziehung fürs Leben anstrebt, muß das Schwergewicht seiner Arbeit in die *Gemeinschaftshaft* verlegen. Die Einzelzelle darf hier nur zu Zwecken der Beobachtung und Beruhigung, d. h. stets nur vorübergehend verwertet werden. Aber nur in der Gemeinschaft mit Anderen kann ein Gefangener wirklich lernen, ein sozialer Mensch zu werden. Die Schäden, die aus dem Zusammenleben mit anderen, verdorbenen Kriminellen erwachsen können, kenne ich natürlich sehr gut. Aber sie müssen überwunden werden und können es, sobald man sich zur Durchführung einer Reihe von Gegenmitteln gegen dieses Gift der Infektion entschließt. Einmal dient grade hier das System der Vergünstigungen als Erziehungsmittel dadurch, daß es eine *Isolierung der Interessen* der Gefangenen bewirkt. Wie das Kriegsmann 1913 auf dem deutschen Hilfsverein für entlassene Gefangene in Hamburg ausgeführt hat: „Jeder Gefangene weiß, der flüchtige Genuß, den ich aus Durchstechereien mit anderen Gefangenen haben kann, steht außer allem Verhältnis zu den Werten, die ich aufs Spiel setze. Die Vorzüge, die ich in der höheren Klasse gewinne, sind soviel wertvoller, daß es sich für mich nicht lohnt, mit den anderen Gefangenen am Nebentisch eine Durchstecherei auszuführen". Dadurch wird in sehr vielen Fällen, wie die Erfahrungen andrer Länder, übrigens auch die Erfahrungen in Wittlich lehren, die Gefahr der Gemeinschaftshaft im wesentlichen eingedämmt.

Hinzukommen muß freilich mancherlei: die Erziehung zur Selbständigkeit durch Gewährung der Selbstverwaltung in der Oberstufe, die Schaffung einer pädagogischen Athmosphäre in einer vorsichtig ausgewählten, kleinen und möglichst gleichartig ausgewählten Gruppe der Gefangenen. Man darf die Gefangenen nicht wahllos zusammenstecken, es genügt auch nicht, Rückfällige und noch nicht Vorbestrafte von einander zu sondern. Vielmehr müssen die Gruppen gebildet werden nach den Verschiedenheiten an Begabung und Energie, Leichtsinn und Stumpfheit, Beweglichkeit und Schwerfälligkeit und jeder Gruppe müssen Erzieher zur Seite gestellt werden, die ansporen, helfen, mitreißen. Schließlich muß die Arbeit in allen diesen Gruppen im höchsten Sinne rationalisiert werden. Eine der gefährlichsten Bestimmungen der Grundsätze ist der § 77:

„Es ist dahin zu wirken, daß der Ertrag der Arbeit die gesamten Kosten des Strafvollzugs deckt".

Wenn man gegen diese Bestimmung kämpft, so gerät man in Gefahr, allen Kredit zu verlieren, und unsren Regierungsvertretern werden sich — in unsrer wirtschaftlichen Misere — voraussichtlich die Haare sträuben, wenn man ihnen sagt und sagen muß: der Strafvollzug ist nicht dazu da, für den Staat ein gewinnbringendes Geschäft zu werden! Nicht darauf kommt es an, ob unsre Gefängnisse dem Staat etwas einbringen, sondern daß sie die Gefangenen in die Höhe bringen! Und das ist sicher: Sparsamkeit ist hier eine den Staat besonders viel kostende Gedankenlosigkeit! Was der Staat durch rücksichtslose Ausnutzung der Gefangenenarbeit im fiskalischen Interesse erspart, entzieht er den Interessen der Erziehungsarbeit, und hat es doppelt und dreifach zu büßen an den Kosten, die ihm durch Steigerung der Rückfälle erwachsen! Helfen kann hier also nur eine Ausgestaltung der Arbeit, die lediglich an die Werte denkt, die daraus für den Gefangenen erwachsen können, eine Ausbildung und Verfeinerung in technisch-pädagogischer Erziehung, die auch aus den stumpfsinnigsten Gefangenen ein Interesse an intensiver Arbeit hervorzaubern kann. Die erste Bedingung dazu ist freilich die Beseitigung des Systems der bloßen „Arbeitsbelohnung" und die Einführung eines wirklichen Lohnanspruchs der Gefangenen — was Wahlberg und Sichart vor Jahrzehnten verlangt haben, was der italienische Entwurf statuiert, es müßte endlich auch in deutschen Gefängnissen eingeführt werden. Jeder Arbeiter, auch der Gefangene, ist seines Lohnes wert, eines Lohnes, der dem Lohn auf dem freien Arbeitsmarkt entspricht, und von dem nur die Kosten für die Verpflegung des Gefangenen abgezogen werden dürfen. Daß dabei für pathologische, arbeitsunfähige oder Gefangene mit besonders verringerter Arbeitsfähigkeit Sonderbestimmungen gelten müssen, ist selbstverständlich. Aber im ganzen wird ein solches System, das das Gefängnis wirklich zu Arbeitsstätten mit möglichster technischer Vollkommenheit erhebt, ganz andre Arbeitsleistungen schaffen können, als heute in allgemeinen möglich erscheint. Es wird im letzten Grunde auch für den Staat rationeller sein. Aber entscheidend ist vor allem, daß damit eine wertvolle Gegenwirkung gegen die Gefahren der Gemeinschaftshaft, pädagogische Steigerungen an Willigkeit und Freudigkeit zur Arbeit geschaffen werden!

In einer solchen Individualisierung nach pädagogisch richtig differenzierten Gruppen, einer Rationalisierung und Vervollkommnung der Arbeit nur vom Standpunkt ihrer Rückwirkung auf erzieherische Möglichkeiten muß das Schwergewicht des progressiven Strafvollzugs erblickt werden. Soll wirklich ein erfolgreicher Kampf gegen den Rückfall geführt werden, so ist auf diesem Gebiet einzusetzen, unter Mitwirkung unsrer besten nicht polizeitechnisch oder fiskalisch, sondern erzieherisch gerüsteten Beamten, Werkmeister, Fürsorger und Sozialbeamten!

Ich weiß wohl, daß sich hier Schwierigkeiten auf Schritt und Tritt einstellen, daß hier ein hoher Grad von Glaube und Aufopferung von allen Beamten und eine verständnisvolle Klarheit der Gesellschaft verlangt wird. Aber es hat keinen Zweck, Probleme von solcher Bedeutung wie die Aufbauarbeit an Gefangenen als leicht lösbar vorzutäuschen. Die „Grundsätze“ sind sich über die Größe der Fragen nicht im Geringsten unklar. Ihr Wert liegt ja grade darin, daß hier mit heiligem Ernst, tiefgrabender Feinfühligkeit und starkem Willen zur Verinnerlichung die Arbeit des Strafvollzugs erfaßt wird. Wir handeln daher in ihrem Geist, wir handeln vor allem im Sinn der besten Traditionen unsrer I. K. V., wenn wir die Arbeit der „Grundsätze“ zu Ende denken und nicht müde werden, die Seele des Gefangenen für die Volksgemeinschaft zu gewinnen!

Druck der Dieterichschen Universitäts-Buchdruckerei (W. Fr. Kaestner)
in Göttingen.

FSC
www.fsc.org
MIX
Papier | Fördert gute Waldnutzung
FSC® C083411

Kolibri 360 GmbH
Ferdinand-Jühlke-Straße 7
99095 Erfurt, Deutschland
produktsicherheit@kolibri360.de